AF397218

Riitta Toivonoja

Mummo riitelee Jumalan kanssa

Kirjan tuotolla tuetaan omaishoitajien virkistystoimintaa.

TYPOGRAFIA Geron – Ari Liimatainen
KANNEN KUVA Ulla Vorpahl

KUSTANTAJA BoD – Books on Demand, Helsinki, Suomi
VALMISTAJA BoD – Books on Demand, Norderstedt, Saksa

ISBN 978-952-80-6728-3

Etkö muista kutsuani

Sateisena huhtikuun iltana
    Jumala istui paljaassa karviaispensaassa
        vilkutti minulle näkymätöntä silmäänsä
            Riemuitse sillä ylösnousemus on läsnä

Jumala puhalsi tinapilleistään
kirkkaita säveliä

Niin alkoivat oksien silmut vihertää
    vesipisarat kimmeltää heräämisen ilosta

Ihme oli tapahtunut

Iltapäivän verkkaisena tuntina
    Jumala tanssi vastaani
        maantien pölyssä
            auringon kultaamissa hiukkasissa

Mykistyin äärettömään onneen
        syvään autuuden tilaan
            yhdeksi tulin olevan kanssa

Hän kulki yhä loitommas
        vilkaisematta taakseen
Ei ottanut uupunutta syliin
        kantanut viheriäisille niityille
                virvoittavien vetten ääreen

Minulla ei ollut huomispäivää
        kukkivien niittyjen unet
                olivat haihtuneet

Niin kipeään kaipasin sanojasi
        Tulkaa tyköni
                te työtätekevät ja raskautetut

Miksi Sinä hylkäsit minut

Etkö muista kutsuani
sanoi Jumala oksaltaan

Tule luokseni elämän vieroma
    paina pääsi rintaani vasten
Nukut kohta kuin äitisi sylissä
    ja unohdat kaiken murheen

Hän unohti
	että osasin lukea huulilta
Isä Jumalan suu muodosti
	äänettömiä kirosanoja
Ärräpäät leimahtelivat salamoina
	taivaankorkeuksissa

ja kohta jyrisi

Vapisin hetken
	sitten muistin

Hän on perin lyhytvihainen

Vedet tulvehtivat kaikkialla
    nooakinarkit uiskentelivat holtittomina
Ihmiset ojentelivat turhaan käsiään
        pyysivät Jumalaa lopettamaan tulvan
Mutta Hän vain itki itkemistään
        Hänelle ei ollut lohduttajaa
Kun sateenkaari piirtyi taivaalle
        ja sen värit alkoivat erottua
Jumala pyyhkäisi hihansuulla silmiään
        ja alkoi laulaa valosta

Hän kyyhötti taas oksallaan
    linnut vaikenivat hänen kanssaan
Katsoin Hänen uupuneita kasvojaan
        otsan syviä juonteita huolta täynnä
Näin Hänen syyttävät silmänsä
        Vuosikymmen toisensa jälkeen epäilet
            ei uskoa sinapinsiemenen vertaa
Sitten Hän yllättäen lausui
        Voi sinua tuomas
                etkö tiedä
                        minulle on kylliksi
                            jos edes toivot olemassaoloani

Kuulehan Harmaapartainen
	Nyt minun on saatava olla ihan yksin
En jaksa ajatella Sinua
		en pyhyyttäsi
Menen hiljaiseen paikkaan
		suureen autiuteen
ja olen tyhjä kaikesta

Jumala hyräili tuttuja säveliä
    lauloi kummallisen paljon lähtövirsiä
Sitten sanoi että aikaa on jäljellä
    rahtu vaan
Sinun on paras totutella siihen
    Hän virkkoi kyynel silmäkulmassaan

Kerran Isä Jumala sanoi
        Tyttöseni mene ostamaan pullo viiniä
                    ja kutsu ystäväsi kylään
Sinä tarvitset nyt ympärillesi
                    iloista seuraa
Olet hautonut murheitasi liian kauan

Tänään Hän murjotti
    oli kääriytynyt pyhyyteensä
        ei vastannut kysymyksiini
Lähetti äänettömiä viestejään
    Ei sinuun kannata tuhlata neuvoja
        et ole ennenkään pysynyt
            kaidalla tiellä
Vaivihkaa Hän seurasi minua
    silmäluomiensa raosta

Jumala istui tutussa puussaan
      tuuli leyhytteli Hänen hieman takkuisia hiuksiaan
Jumala alkoi puhua lempeällä äänellä
      tuskin kuultavalla
Et sinä tahallasi jättänyt sanomatta
      et pyytämättä anteeksi, lapseni

Syyllisyys, kipu laantuu
      ja minä hymyilen takkutukan kanssa

Satuin antamaan sinulle
     tuittupäisen luonteen
Varohan kieltäsi
Eivät nuo ärräpääsi
     minua loukkaa
toisinaan ihan naurattavat
     täällä taivaansalien arjessa
Vaan joku kanssakulkijasi
          saattaa pahastua
Ihan sen takia
     pyytäisin sinua
          hiukan siistimään puheitasi

Orion loistaa kultaisena
    taivas sataa kukkia
        helmeileviä ruusuja
Äkisti yön halkaisee
    häikäisevä valon kaari
Jumala laskeutuu luokseni
        iloa hohtavin kasvoin

Onni lävistää minut

Kun tulin taivaan puutarhaan
    näin miten Jumala kasteli
        verenpisaroita ja särkyneitä sydämiä

Hän kumartui hellästi niiden puoleen
            ja kukat punastuivat onnesta

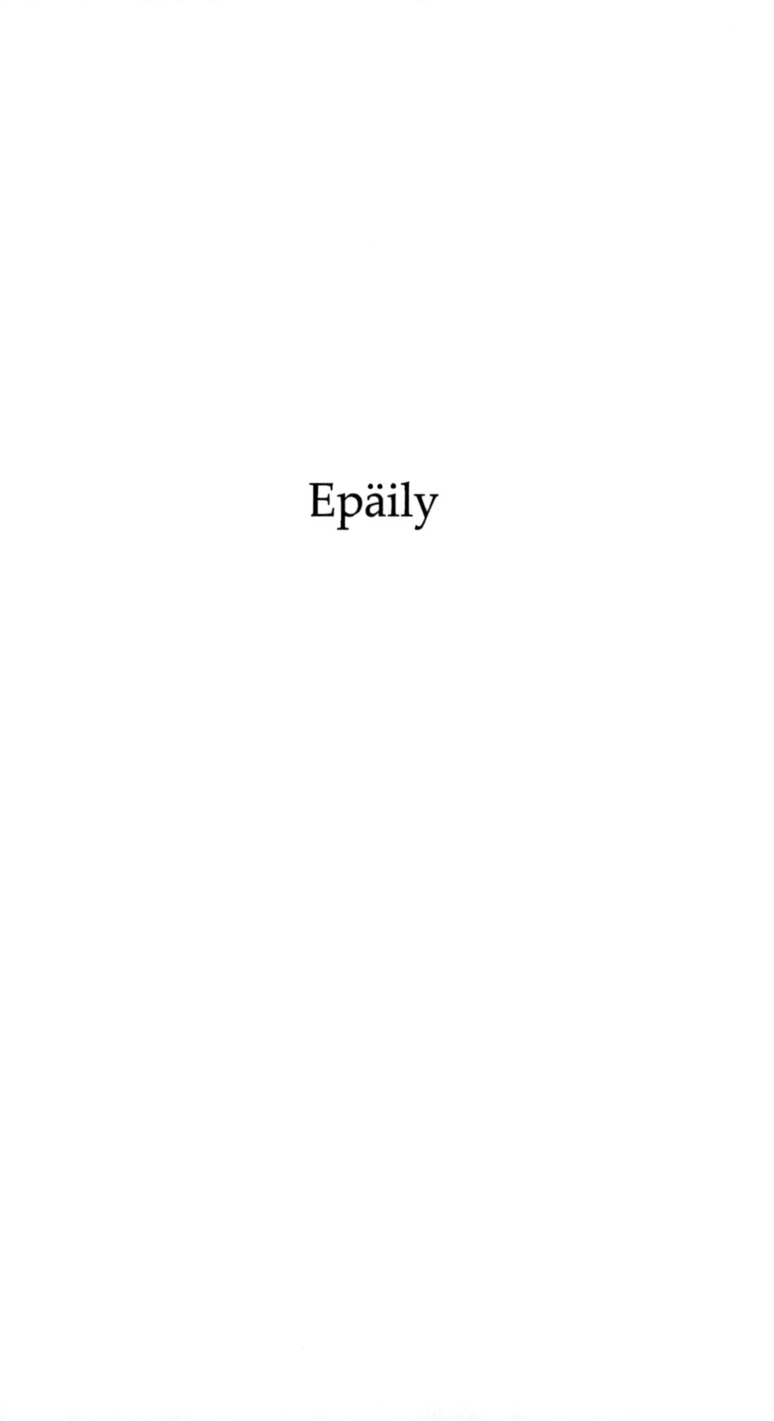

Epäily

Isä Jumala johon en usko
    Sinulle ylistys ja kunnia
Ainoa ymmärtäjäni
    en käsitä ehtoollista, en pyhää uhria
Sinut on lokeroitu kirkkoihin
    ahdettu temppeleihin
Ainoa Oikeaoppinen
Ainoa Autuaaksitekevä
Ainoa Puhdasoppinen
Ainoa ja Yksi

Kun ainoa on monta
        mikä on totta

Loit minut kuvaksesi
    mutta olet palasina
minä hajoan kanssasi

Sytytin tuohuksia jumalille
        vuosi toisensa perään
Monet löysivät omansa
                ja saivat levon

Sinä joka paikassa oleva
                ja kaiken täyttävä
ota pois epäilijän osa
Niin raskas kantaa
                ja voimani vähissä

Vuodet kuihduttivat Jumalan
            näivettivät uskon

Vanhoissa virsissä lohdutus
    ainoa kieli, ainoa sydämen koti
            vähäinen toivon siemen

Olen etsinyt sinua kaikkialta
    etsinyt vuosikymmenet
En löytänyt kirkoista ja temppeleistä
    en teiltä, en aitovieriltä

Turhaan huusin sinua Jumala

Miksi yhä kätkeydyt minulta
    vaikka päiväni ovat jo luetut

Valistakoon kasvonsa
      ja antakoon rauhan
Sitä olen hakenut
      maan ääristä, taivaan syvyyksistä
Olen kääntynyt sisimpääni
          keskittynyt aukeavaan kukkaan

Olen yhä sillä tiellä
      ja aikani on vähissä

Tukehdun seremonioihin
	surullisiin kaavalippaisiin
		tiiviisiin kaanoneihin
Kultaisen vasikan hohto häikäisee
vie näön
Epäilykselle ei sijaa majatalossa
		ei kysymykselle
Valitsen ulkopuolisen osan
	että loistolta voisin nähdä ja kuulla

Virren hidas poljento tyynnyttää
        rauhoittaa levottoman mielen
Sielu yhdistyy näkymättömään
     lopettaa kysymisen, ei vaadi vastausta
Epäilijä, kieltäjä
yhtyy sanattomaan uskontunnustukseen

Kuljen yksinäisyyden saarella
          skiitaasta toiseen
Etsin kadonnutta itseäni
          etsinyt vuosikymmenet
Pyhät kuvat seinillä häikäisevät
          ahdistavina lepattavat tuohukset

Herra armahda
     armahda Herra

Jumalan kirkko on ihminen

Itsestäni sinut kohtaan
   ei itkulla kieltä, ei isänmaata
      ei uskoa, ei ikää

Jumalan kirkko on ihminen
        katseen jaettu leipä
            käden viinimalja
                kosketuksen pyhitys

Rakkauden sakramentti
        suurin ylistys ja kunnia

Joka ilta kannan lyhtyni
    kolkolle kivipihalle
Punaisen kynttilän lämpö
    hipaisee työstä palaavan poskea
toivottaa myöhäisen juhlijan
        tervetulleeksi kotiin
            keventää lehdenjakajan taakkaa
Katson ikkunasta palavaa kynttilää
        kuljen hetken yhteistä matkaa
            tuntemattomien kanssa

Minun on ikävä
    vanhoja äijänkäpyköitä
Hakkuupölkyillä lapikkaissaan
        polttelivat holkkitupakkaa
Työmiestä ja Saimaata
        parempina päivinä Pilliklubia
Siinä turisivat
        naurunkure silmänurkissa
laittoivat hyväntahtoisesti
        maailmaa kuntoon
Niin ikävä ukonkutjakkeita
        jotka sallivat lasten tulla tykönsä

En jaksa kuunnella saarnoja
        pitkiä selityksiä
En seistä palveluksissa
        en sytyttää kynttilöitä

Älä sure lapseni
        loin sinut sellaiseksi
            sinun tehtäväsi on maailmalla

Anna leipä tarvitsevalle
        tarjoa viini yksinäiselle

Siinä kirkkosi
        siinä alttarisi

Äiti teki joka aamu
huolestuneen rakkaudentunnustuksen
– Ovatko nenäliina ja kampa mukana?

Hirsiseinällä unelias kello
    uuninpankolla kissa
        laiska ja lihava
            raottaa silmiään

Tuvassa lämpöinen tuoksu
    hellankulmalla kypsyy keitto
Emäntä juoksuttaa hikisenä
    lautasia pöytään
Elonkorjuukiireiden keskeltä kysyy
    Ottaako se naapurintyttö
        voitaleipää

Olin yksin näillä rannoilla
    vaeltajat tulivat luokseni
        ojensivat leivän
            me jaoimme sen ja viinin

He läksivät
    ilo jäi
        valaisi tummuneen tupani hirret

Sinun sanojesi valo
    auttoi nousemaan vuorelle
        näkemään taivaan kirkkauden

Minun on maiseman avaruus
        ja huominen

Hekin uskoivat

Me uhraamme Pyhälle Karhulle
    ripustamme nauhoja puihin
Vuorten Jumala
    armahda meitä
Säästä kansamme
    Pyhän Karhun
        kärsimyksen ja kuoleman tähden
Hänet uhrasimme
    että meidän olisi iänkaikkinen elämä

Lumella palavat jukagiirien nuotiot
    sytyttävät yön tähtiseen hehkuun

Tundralla hiipuvat uhritulet
    katoaa muinainen kansa

Iäti taivaalla Linnunrata
        pyhien tulten heijastus
            kadonnut kieli

Matkalla Jumalan luo tapasin mormonin
hän kertoi loistavista temppeleistä
säteili iloa ja lämpöä

Tien vierellä kohtasin jehovantodistajan
hän julisti tuhatvuotista valtakuntaa
auttoi elämän arjessa

Vastaan tuli ateisti
hän nosti minut epäilyksen rattaille
pani ajattelemaan

Pyhiinvaellusta jakoivat kanssani
hindu muslimi juutalainen
helluntailainen laestadiolainen
anglikaani adventisti metodisti
lopuksi puhdasoppinen ja ortodoksi

He kaikki ojensivat lahjansa

Tilit

Vaelsin puutarhassa
omenankukkien aikaan
Päätin palata syksyllä

Tulin liian myöhään
    kirveet oli pantu
        hedelmättömien puiden juurille

He kysyivät minulta
        onko sisar uskossa

Sisar potee vihaa kateutta ylpeyttä
        laiskuutta irstautta ahneutta
On paatumista ja penseyttä
        synneistä pahinta
Varmuus nauliutuu epäilyn ristinpuuhun
        sisar ei usko tunnustusten kahlitsemaan
Jumalaan

Onko sisar uskossa?

Mihin jäivät
	kesien valoisat yöt
		tulvillaan helmeilevää odotusta
Menetin kiireeseen sen
		mikä oli tärkeää

Havahduin iholla risteilevään
		ryppyjen verkostoon
taidokkaaseen lukin rakennelmaan
			pyydystämässä aikaa
				sen viimeisiä rippeitä

Yhä useammin viivyn
	menetetyssä puutarhassa
Kaipaan sammaleisia kiviä, kallioimarteita
	haavan punertuvaa latvaa
Näen silmissäni lammikon
	johon kuvastuvat sananjalat
			ja pala taivasta

En voi palata paratiisiin
	olen luopunut avaimesta

Purppuraa kultaa hopeaa
koreana loistaa elämän ikonostaasi

Herra armahda kun himmenee hohto

Lapsi ojensi anovan kätensä
        silmissä aikuisen murhe
En kestänyt
        hentojen hartioitten kipua
käänsin katseeni maahan
        ja jatkoin matkaa

Kuka olet
    kun viimeinen lanka kudoksessa
            on kulunut loppuun

Salissa soi viulu
	ikkunoilla joulukaktukset
		kukkivat kristallikruunut

Hyvä Jumala
	viulu käy kipeään
		sydämen kovettunut lihas

Anna minun rakastaa
	edes kerran, edes unessa
		anna minun rakastaa

Lähtöä

Mieli hidastuu
    tyhjenee turhasta
kaikesta kylläksi saaneena
        sulkee uudelta oven

etsiytyy hiljaisuuteen
    selkeyteen ja rauhaan

Viimeiset ajat riisuivat
            paljaaksi
vaiensivat kysymykset

Ilta laskeutuu minuun
	sen harmaaseen voin sulkea silmäni
		levätä taakkoja vailla

Kun päivät alkavat tummua
	valtaa olemukseni
		kansanlaulun yksinkertainen sävel.
Katselen uudesti pihlajia
	kuoleman värikkäitä puita.

Vuosien iholla kuvat
    lakastuvat kertomukset
Värit käyneet vähiin
    äänet ohentuneet kuulumattomiin

Kun talven lumet ovat tulleet
    kaikki on valkoista

Surullinen puu
	oksat alistuneet päivien tyhjään
sadepisarat värähtelevät
		laholla pinnalla

Kauan sitten viimeinen värikäs lehti
		putosi martuvaan maahan
Jonakin aamuna lentää palokärki
			vaappuen sinua kohti

Ajattelen profeetan sanoja
        ihmisen elinpäivistä
kun katselen tuulisia kukkia niityllä
        varsien huojuvaa liikettä

Minun on ikävä hellää kosketusta
        lohduttavaa syliä

Kerran se tuuditti lapsen uneen
        ja lähestyvään iltaan levisi
                kypsyvän viljan raskas tuoksu

Oi ihminen etkö sä muistakaan
ett aikas tääl on kuni rahtu vaan

Olisinko pysähtynyt
        edessä lukuisten polkujen puutarha
                hedelmät kypsymässä
ajalla ei merkitystä

Nyt kuulen sen kutistuvan olemattomiin
                katoavan kiihtyvää vauhtia

Alan ymmärtää vanhan virren sanoja
        Jok´ainut askel sun matkallas
                on askel kohti sun kuoloas

Laineet tasaantuneet
    eivät etene ilosta korkein harjoin
Kiihkon myrskyiset vaahtopäät
    käyneet harvinaisiksi

Joskus laimeita maininkeja

Veneeni harmaa ja laho
    ei kestä tyyntäkään

Kuolemankello raksuttaa
     ruusuraitatapetin takana
               sahanpurujen seassa
Yön hetkinä tekee tuhojaan
               hitaasti, hitaasti

Hauraaksi käynyt talo kalliolla
        jäljellä kaksi ikkunaa
                vastakkaisin suunnin

Varjot tihenevät

Kun tuuli käy
        ei taloa
                ei yhtään ikkunaa

Talven tähtikirkkaina öinä
        junani kulkevat,
savuiset, uupuneet junani.
Pysähtyvät vainajien asemalla,
        jossa kukaan ei ketään odota.
Vain äänettömät kellot
        viisareita vailla.

Kuoleman lautturi
     sauvoja varjoisalla joella
Elokuun huumainen tuoksu
     Kharonin läikkyvässä maljassa

Värit tummenevat

Minua viedään
    kauan kannettua
Keveässä arkussa viimeisin jäljellä
        elämästä kulunut paita
            läpinäkyväksi hiutunut

Kun varjo on muuttunut valkoiseksi
            kirkastunut menneestä

on aika

Rauha

Äiti lauloi iltaisin
    vanhoja virsiä
lauloi hiljaisuuden tilaan
    sammutetun öljylampun tuoksuun

Olen pukenut ylleni nunnanpuvun
        karhean mustan vaatteen
            yksinkertaisen kaavun

Olen löytänyt pääsyn yksinäiseen huoneeseen
            aarrekammioon vertaa vailla

Kirposivat kahleet
        itse taotut
taukosi uuvuttava kiipeäminen
            lasisen vuoren huipulle

Olen palannut alkuun
        suureen tyhjyyteen
            aukenevan salaisuuden ääreen

Lumpeen valkea valo
    sammuu elokuun yöhön
Veden viilenevä tuoksu

Pehmeänä kietoutuu
    pimeys maisemaan

Lepikossa kesän helle
	lehtien untuvan
		vihreänharmaa raukeus

Unettavina polut puiden varjossa
	sananjaloissa värisevä lämpö

On vain tämä
	läsnä ja tavoittamaton

Istun puutarhassa
        katselen kivistä muuria
                lammen tyyntä pintaa

Katoan itseeni
        itsestä pois

Sulaudun Suureen Ykseyteen

Taivaalla tuuliset pilvet
        takana loputon kirkkaus

Mieli kääntyy
        näkymätöntä kohti

Kuljen yhä syvemmälle
        tyhjyyteen missä kaikki katoaa

Enää ei ole rajoja
        ei aikaa

Sulaudun johonkin
        jota ei ole ja on

Helteisen kesäpäivän raukeus
        ulpukat mustalla joella

Raatteiden kukinnot
        mudasta kohoavat
                vaaleanpunaiset

Aika on virrannut pois

Paratiisi soi minussa
        lentävät kukkivat linnut

Tähdenlento kulkee lävitseni
        huikaiseva valon hetki

Minun on taivaan avaruus

Tähtien synnytyskipu
        vääntää taivaan kaarelle
                suureksi yksinäisyyden holviksi

Huudot kimpoilevat tyhjyydessä,
                sitten pimeyden keskelle
                                syttyy valo
Lämmittävä liekki
        nuolaisee autiomaata

Kristus syntyy

Kiittäkää

Pilvien keskelle avautuu valo
        olen vaiti ja katselen taivasta

Jokin koskettaa syvälle
        heijastus siitä
            mille ei ole sanoja
                ei selitystä

Sisällys

Lähtöä

Rauha